ARMAND BOURGEOIS

Souvenirs Napoléoniens

DERNIERS ÉCHOS

DE LA

CAMPAGNE DE FRANCE

DANS LA BRIE CHAMPENOISE

PARIS

HONORÉ CHAMPION, ÉDITEUR

Librairie spéciale pour l'Histoire de France et de ses anciennes provinces

9, Quai Voltaire

—

1904

SOUVENIRS NAPOLÉONIENS

A MADAME LA GÉNÉRALE CHANZY

Hommage d'un déjà lointain, mais bien vif et respectueux souvenir.

A. B.

ARMAND BOURGEOIS

Souvenirs Napoléoniens

DERNIERS ÉCHOS

DE LA

CAMPAGNE DE FRANCE

DANS LA BRIE CHAMPENOISE

PARIS

HONORÉ CHAMPION, ÉDITEUR

Librairie spéciale pour l'Histoire de France et de ses anciennes provinces

9, Quai Voltaire

—

1904

Tous droits réservés

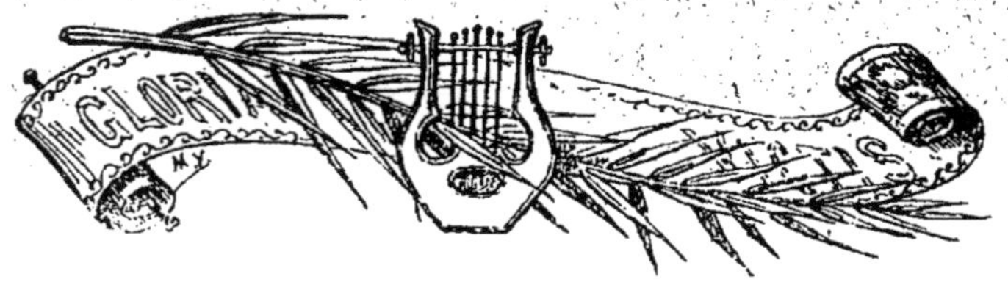

DERNIERS ÉCHOS

DE LA

CAMPAGNE DE FRANCE

dans la Brie Champenoise

Elle est déjà loin de nous, cette célèbre bataille de Waterloo, qui fut livrée le 18 juin 1815, entre Napoléon et les Alliés, commandés par Wellington et Blücker, et fut décisive à ce point de précipiter la chute définitive du régime impérial et de valoir à la France une seconde invasion.

Une déclaration de l'Empereur d'Allemagne, encore toute récente, ramena l'attention sur ce grand fait historique et fut l'objet de pas mal de horions de la plume entre la presse britannique et la presse allemande.

Je n'ajouterai pas des discussions à d'autres discussions ; ce que je veux seulement faire revivre, ce sont les derniers gestes qui précédèrent et suivirent l'héroïque catastrophe. Ces derniers gestes se traduisirent surtout par de mémorables proclamations des 1er mars et 28 avril 1815 et la séance de la Chambre des Représentants du 30 juin, même année, celle-ci laissant croire, un moment, que tout n'était point fini pour l'Empire, même après le désastre de Waterloo. Mais ce ne fut pas pour longtemps, car les défections s'entassèrent sur les défections, quand n'arriva pas le coup de pied de l'âne, témoin cette phrase d'une circulaire d'un sous-préfet d'Epernay, en date du 20 septembre 1816 :

« Sa bienfaisante main (celle du Roi) voudrait fermer et cicatriser toutes nos plaies ; mais, hélas ! la funeste et sanglante apparition d'un Corse sur le sol de la patrie, a tari et dissipé nos trésors et nos ressources, fruit de l'économie du Roi. L'usurpateur ne s'est montré quelques instants au milieu de nous que pour faire couler à grands flots l'or et le sang des Français ; il ne reste au Roi d'autres moyens de soulagement à nous accorder, que ceux fournis par la portion de ses sujets ayant moins que nous essuyé de pertes et souffert du dérangement des saisons ; et ces moyens, il se hâte de les employer. »

Cette circulaire fait allusion aux deux années de guerre qui venaient de désoler la Champagne.

J'ai donc pensé qu'il serait très intéressant pour nos générations actuelles de connaître ces précieux documents, à la fois prologue et épilogue du dernier acte d'un grand drame, car je suis persuadé que très peu les connaissent.

Napoléon avait quitté l'île d'Elbe se dirigeant sur Paris. En voici la narration :

Paris, le 20 mars 1815.

« Le 20 mars doit être un jour mémorable dans l'histoire. La postérité, sans doute, aura soin d'en rendre compte ; contentons-nous seulement de rappeler les scènes touchantes qui se passèrent, il y a quatre ans, lorsque le Roi de Rome vint au monde. »

J'ouvre ici une parenthèse pour dire encore que tout ce qui va suivre ne fera que mieux comprendre la donnée de l'admirable drame en vers de Rostand : *L'Aiglon*, que beaucoup entendirent peut-être, sans se rendre compte aussitôt du réel côtoyant le fictif, c'est-à-dire la preuve qu'il existait, dès ce moment déjà, à l'état latent, un nombreux et sérieux groupement de partisans en sa faveur.

Je reviens à ma relation.

« Aujourd'hui, après un an d'absence, après des événements qu'il ne nous appartient pas de décrire, et que nous laissons à l'historien, Napoléon reparaît, ou, pour mieux dire, entre solennellement dans sa capitale, nullement entouré des grandeurs et de l'éclat qui environnent toujours la Majesté des Souverains, mais il reparaît avec toute la modestie d'un héros, d'un guerrier.

« Rappelons-nous, Français, ces paroles mémorables qu'il adressa au Corps Législatif : « Oui, Messieurs, leur dit-il, vous me trouverez toujours le même dans l'adversité comme dans l'élévation. »

« Partout sur son passage et dans les villes que l'Empereur a traversées, le peuple l'a accueilli favorablement, et n'en doutons pas, Français, ces promesses sont formelles ; espérons tout de sa clémence.

« Nous ne pouvons pas nous permettre d'aller au-devant des événements qui vont se succéder ; mais ressouvenez-vous toujours qu'il ne faut jamais désespérer de la Providence. Si parfois nous éprouvons des revers, l'être souverainement bon écoute nos prières, lorsqu'elles lui sont adressées avec ferveur.

« Suivant les bruits qui circulent, l'Empereur doit entrer par la barrière d'Enfer pour se rendre aux Tuileries. »

Voici maintenant les éloquentes proclamations de l'Empereur, datées du golfe Juan, le 1er mars 1815, et qui sont en même temps un éloquent et prestigieux résumé de la mémorable Campagne de France :

« Français, la défection du duc de Castiglione livra Lyon sans défense à nos ennemis : l'armée dont je lui avais confié le commandement était, par le nombre de ses bataillons, la bravoure et le patriotisme des troupes qui la composaient, à même de combattre le corps d'armée autrichien qui lui était opposé, et d'arriver sur les derrières du flanc gauche de l'armée ennemie qui menaçait Paris.

Les victoires de Champaubert, de Montmirail, de Château-Thierry, de Vauchamps, de Mormans, de Montereau, de Craone, de Reims, d'Arcy-sur-Aube et de St-Dizier, l'insurrection des braves paysans de la Lorraine, de la Champagne, de l'Alsace, de la Franche-Comté et de la Bourgogne, et la position que j'avais prise sur les derrières de l'armée ennemie en la séparant de ses équipages, l'avaient placée dans une situation désespérée... »

J'interromps un instant la suite de cet admirable morceau oratoire, pour m'arrêter sur ces noms de Champaubert, Vauchamps et Montmirail, pays que je connais beaucoup et où, plus d'une fois, j'évoquai, par la pensée, le triple champ de bataille. Il est merveilleux de constater que, sur cet immense plateau qui s'étend de Champaubert à Montmirail, Napoléon ait pu battre des armées dix fois plus nombreuses. Placé ainsi en rase campagne, complètement à découvert, ne risquait-il pas d'être enveloppé à tous moments, c'est-à-dire réduit à l'impuissance ? C'est qu'aussi, sur ces points périlleux, il commandait en personne et décuplait son génie de stratège.

Ah ! lorsque j'interrogeai les vieillards de la contrée, dont j'espérais avoir des renseignements verbaux, ou consultai les archives locales, combien j'aurais souhaité d'obtenir beaucoup de détails ! Malheureusement, les uns et les autres ne m'ont fourni que peu de chose, en somme, et c'est surtout par la pensée que j'essayai de reconstituer ce qui avait pu se passer. Encore ce peu paraîtra-t-il intéressant, et vais-je le raconter.

Les principaux documents verbaux, je les recueillis dans ma propre famille. Le fait se passa avec un aïeul maternel du nom de Lebeau, fils du maître de poste d'alors de Fromentières, en vertu d'un bref impérial sur parchemin, du 11 février 1808, délivré par le comte de Pillet-Will, ministre des Finances et créateur de la Caisse d'épargne. Ce même aïeul fut également maître de poste plus tard.

Napoléon venait de s'arrêter, avec son état-major, en face de la Poste, et — suivant le fils de la maison — il lui demanda l'heure ; puis, tandis que, rempli tout à la fois d'émotion et de fierté, Lebeau sortait sa montre de son gousset pour la mettre sous les yeux de l'Empereur ; tandis encore que ce dernier s'intéressait au nombre de chevaux que la Poste avait perdus par la faute de l'ennemi, le canon se fit entendre dans la direction de Champaubert : « Qu'est-ce que j'entends ? » s'écria Napoléon. Et aussitôt son état-major et lui, donnant le coup d'éperon à leurs chevaux, s'élancèrent, bride abattue, de ce côté.

Aujourd'hui, cette montre fait partie de mes collections : c'est dire que je la conserve précieusement.

Deux oncles se rappelaient bien, étant enfants, alors qu'ils s'étaient sauvés dans les champs, entre Janvilliers et Vauchamps, s'être fait un jeu de courir vers des boulets perdus qui, arrivés au terme de leur projection, ne roulaient plus que péniblement à travers les terres.

Je tenais d'eux encore que, longtemps après ces événements, les villageoises soufflaient sur le feu de leur âtre avec des canons de fusil abandonnés après la bataille ou enterrés avec les morts ; il n'y avait eu qu'à les débarrasser de leur culasse.

Il est une maison, à Champaubert, où l'on voit encore, encastré dans la façade qui regarde la route de Paris à Strasbourg, un boulet tiré pendant la bataille.

Dans les villages comme Champaubert, Fromentières, Janvilliers, Vauchamps, ce fut une dévastation complète : il ne resta plus rien dans les maisons : volailles, lapins, porcs, bestiaux, tout fut pillé, hommes et chevaux furent emmenés en réquisition. Il y eut même plusieurs maisons incendiées.

Quant aux documents écrits, ils apprennent notamment qu'à Vauchamps les archives de la mairie furent brûlées par les alliés ; qu'à cause des désastres éprouvés, il fut impossible de rassembler un sou qui permît de payer des billets ; que le comte Du Bourg, maire, offrit de payer un *Manuel des Maires* de ses deniers, *la commune n'ayant pas assez de fonds pour pouvoir le faire (sic)* ; qu'un nommé Blot, retiré à Vauchamps à la suite de la bataille qui avait eu lieu le 14 février 1814, n'avait trouvé rien de mieux que de s'approprier les malles et le cheval qu'il s'était chargé de conduire au colonel du 12me régiment de chasseurs à cheval, auquel ils appartenaient ; qu'une contribution d'un million fut requise, le 23 avril suivant, par l'intendant des puissances alliées, pour la subsistance des troupes ; que, le 23 septembre, on était sans nouvelles des enfants des sieurs Brochot-Néret et Josset, partis de Vauchamps comme conscrits, en 1813, époque où déjà la commune de Vauchamps, pour la fourniture du contingent en chevaux de trait qui lui avait été assignée, avait dû payer, pour sa part contributive, la somme de 399 fr. 60 ; que, malgré le dénuement où étaient plongées les populations, les alliés exerçaient nombre de réquisitions en nature, dont l'indemnité, dans la suite, sera bien restreinte, non seulement du fait de l'invasion de 1814, mais encore de celle de 1815. C'est ainsi que, dans le mois d'août de cette dernière année, les communes de Boissy, Corrobert, Fromentières, Janvilliers, Lé-

chelle, Trosnay, Verdon, se virent imposer les plus grands sa-
crifices par l'escadron des dragons russes de Finlande, cantonnés
chez elles. Jusqu'au raccommodage des fourreaux de sabre, des
mors, des casques et des éperons furent à leur charge ; qu'il
restait toujours de la résistance au nouvel état de choses, qui
était le retour des Bourbons, notamment chez les officiers des
armées impériales rentrés dans leurs foyers. Parmi ceux de la
contrée qui étaient surveillés dans leur conduite, leurs actions ou
leurs discours, pour leurs opinions politiques, en un mot, il faut
citer : Baudin, Jacques, lieutenant au 85ᵉ de ligne, 33 ans, demeurant à la Villeneuve ; Cousin, Louis, lieutenant au 48ᵉ, 34
ans, demeurant à Léchelle ; Dagonnet, André, sous-lieutenant au
105ᵉ, 38 ans, à Montmirail ; Delattre, Augustin, sous-lieutenant au
85ᵉ, 30 ans, à Soizy-aux-bois.

Il fallait même que cette résistance secrète fût à l'état latent,
puisque le 16 janvier 1816, le sous-préfet d'Epernay, le marquis
de Pleurre, écrivait au maire de Vauchamps :

... « En ce qui concerne les boutons de l'aigle, que certains
habitants portent sur leurs vêtements, il faut nécessairement faire
cesser ces abus ; puisque, jusqu'à présent, vous avez employé
sans succès les moyens de douceur et de persuasion, il faut que
vous fassiez publier défenses expresses de porter ces signes
odieux, à peine, etc... »

Le 25 suivant, il lui écrivait en outre :

« Je désirerais que vous m'envoyassiez la liste de ceux des
habitants de votre commune que vous croyez détenteurs d'armes
à feu de calibre, afin que je puisse les faire désarmer par la
gendarmerie. Vous avez le droit d'exiger de tous les habitants de
votre commune, militaires ou non, et qui possèdent des signes
rappelant Bonaparte, de vous en faire la remise, etc... »

Ces documents écrits apprennent encore que des chansons in-
jurieuses contre Louis XVIII étaient répandues clandestinement
par un sieur Billiard, de Montmirail, homme adroit et rusé, dit
le rapport, en outre d'être mal noté pour sa conduite politique ;
que la visite pour le désarmement n'a pas eu un grand succès
dans la commune de Fromentières ; qu'à Bergères-sous-Montmirail,
des personnes, connues pour avoir des armes à feu de calibre,

s'étaient gardées de les remettre au maire, le comte de Plinval ; qu'à des demandes de renseignements relativement à des maisons incendiées par l'ennemi, en 1814, demandes faites par le percepteur à vie au maire de Vauchamps, celui-ci n'avait pas pu y satisfaire, par la raison que les états de section et la matrice du rôle foncier avaient été brûlés par suite des événements de la même guerre.

J'ai découvert également un lamentable état de pertes mobilières occasionnées par les Russiens *(sic)*, Prussiens et Autrichiens, les 8 et 9 février, 26 et 27 mars 1814, à un nommé Pierre Alexandre Josset, de Vauchamps ; on peut dire qu'on ne lui avait rien laissé : qu'on en juge par le détail suivant des objets enlevés : un lit, une couverture, deux traversins, 21 boisseaux de blé, 40 draps, 4 douzaines de chemises d'homme et de femme, un habit de femme, un habit d'homme, une nappe, un essuie-mains, des serviettes, un sac de toile, un tablier, 18 livres de cœur de chanvre, un porc, 200 bottes de foin, 400 bottes de paille, une corde et demie de bois, 200 bourrées, 20 livres de beurre, 4 paires de souliers, 3 paires de bottes, 20 boisseaux de pommes de terre, cuillères, fourchettes, vaisselle, marmite, seau, chaudière, hache ; un état détaillé de distributions de vivres fournis à 41 dragons russes par un certain nombre d'habitants du même Vauchamps le 7 août 1814, pendant trois jours, soit 265 livres de pain et 134 livres de viande. Ces habitants se nommaient Beugnot, Hutin Christophe, Fontaine Gérôme, Cotté, Vincent, Laguérite, Barriez, Josset, Boutilly, Barré, Petitbon, Lallement, Vigué, Forgé, Hutin Etienne, Tronquet, veuves Liévain et Dast, Marchand, Hutin Antoine et Machuré, Gérard, Bour, Trussau, Legendre, Néret, comte du Bourg.

Ce dernier, le 6 août au matin, avait logé un officier à son château, ainsi que deux dragons, auxquels il avait fourni 4 livres de pain, 2 livres de viande et, pour leurs chevaux, 3 doubles décalitres d'avoine et 5 bottes de foin.

Le 6 août au soir, il avait encore à loger 9 dragons, auxquels il fournit 18 livres de pain, 9 livres de viande et, pour leurs chevaux, 9 doubles décalitres d'avoine et 14 bottes de foin.

C'est encore un bon de la fourniture d'un bœuf délivré l'avant-veille de la bataille de Vauchamps par le sieur Bellot, officier de la Garde impériale, au sieur Nicolas Goujon, de la commune de

Léchelle. Ce dernier produisit encore d'autres bons de fournitures en déduction des contributions extraordinaires auxquelles il avait été imposé le 22 novembre 1814.

Ces fournitures avaient été faites les 5, 8, 11 février précédents : 55 doubles décalitres d'avoine à 1 fr. 10, 493 livres de pain à 12 cent. 1/2, 480 livres de viande à 0 fr. 50, 65 bottes de foin à 0 fr. 45, 10 bottes de paille à 0 fr. 22.

Ces prix, soit dit en passant, comparés à ceux d'aujourd'hui, offrent évidemment de l'intérêt, dans un pays essentiellement agricole comme la Brie Champenoise.

Derniers détails, comme logement par l'habitant de hussards prussiens, dans le cours de cette même année, à Vauchamps et environs :

Vauchamps :

Capitaine.	1	10. Comte du Bourg (le château).
Officiers	2	
Domestiques et hussards . .	7	
Maréchal des logis. . . .	1	3. Petitbon.
Hussards.	2	
Docteur	1	5. Legendre.
Hussards.	4	
Maréchal-des-logis porte-étendard	1	9. Barré.
Hussards.	8	
Maréchal-ferrant . . .	1	2. Montrobert.
Hussard	1	

La Villeneuve

Sous-officier.	1	5. Ruby.
Hussards.	4	
Hussards.	3	Cousin.
—	3	Héronce.
—	2	Depienne.
—	3	Lointier.

Chilly

Maréchal-des-logis	1	} 8. Vallée.
Hussards.	7	
Hussards.	8	Savry.

Fontaine-au-Bron (dépendance de Vauchamps)

Sous-officier.	1	} 2. Thiercelin.
Hussard	1	
Hussard	1	Hocquet.
—	1	Lasnier.
—	1	Sarrazin.
—	2	Girardin.
—	2	Mondet.
—	1	Fleury.
—	1	Cosson.
—	2	Joseph.
—	2	Cressandon.
—	3	Brochot.
—	1	Veuve Bucquet.
—	2	Néret Louis.
—	2	Dagonet.
—	1	Huvier.
Sous-officier.	1	} 2. Pelletier.
Hussard	1	
—	1	Lumerez.
—	2	Néret Louis Laurent.
—	2	Pelletier François Alexandre.
—	1	Samain.

J'ai parcouru bien d'autres états de réquisitions et logements de troupes ; mais non plus, hélas ! troupes françaises : il s'agissait des Alliés cantonnés à Vauchamps, l'année suivante. Il paraîtra sans doute intéressant, à cet égard, d'énumérer la force du 12ᵉ régiment de hussards prussiens, logés à Serchamps :

1	ritte-meister	.	7	chevaux
2	officiers	.	8	—
7	domestiques	.	7	—
1	porte-étendard	.	2	—
1	docteur	.	1	—
2	vaguemestres	.	2	—
1	maréchal	.	1	—
1	tailleur	.	1	—
9	sous-officiers	.	9	—
3	trompettes	.	3	—
135	hussards	.	135	—
163	hommes		176	chevaux

Pour la même année 1815, je vois un important état des fournitures de réquisitions de guerre faites par 70 habitants de Vauchamps pour le service des troupes alliées, indiquant comme estimation en argent la somme de 6.596 fr. 63, et enfin ce reçu entre autres, libellé de la façon qui suit :

N° 3075° = 15°. « Reçu du Magasin de Vauchamps pour six chevaux du quartier général de S. A. le duc Charles de Mecklenbourg, pour les 8, 9, 10, 11 et 12 septembre, trente rations de fourrages, dont quittance.

Vauchamps, le 12 septembre 1815.

Signé : FACHE,
commandant de la colonne des Subsistances.
N° 38. (*Traduit de l'allemand*).

Le tout certifié par le Directeur chef de l'Interprétation générale des langues, qui se nommait et signait : *E. Nuñez de Taboada.* (1) A gauche de la signature est un cachet de cire rouge aux armes de France et portant en exergue : *Traducteur interprète officiel.*

D'autres reçus sont signés de Klimguistgin, sous-lieutenant des dragons de Kazan ; de Hundertstrus, chef et colonel du régiment de Finlande ; de Krapiwow, lieutenant du régiment de Cosaques du Don ; de Guerirow, colonel du même régiment.

(1) Auteur d'un dictionnaire français-espagnol, qui parut à Paris en 1812.

A quoi tiennent les événements ! Bien longtemps encore après ces invasions, quand on voulait assagir les petits enfants, on évoquait ces mêmes cosaques devant eux, à titre d'épouvantail, de même qu'après un repas pris, on aimait à dire, dans la Brie Champenoise : « Encore un que les Cosaques n'auront pas ! » Le Français rit de tout, on le sait.

C'est toujours contribuer à l'histoire de cette période douloureuse, au point de vue local, que de faire connaître le texte de la réquisition, pour suppléer aux bons de réquisition perdus.

Commune de Vauchamps

En conséquence des ordres des commandants des troupes alliées, stationnées à Vauchamps :

Nous requérons le sieur...

de fournir sur le champ au Magasin militaire de la commune

(Ici, la nature et la quantité des denrées requises).

Fait à Vauchamps, le...

Pour acquit de la dite réquisition :

Le Garde-Magasin...

Vu pour certifier la dite réquisition véritable et qu'elle a été bien fournie, et en outre pour certifier que les commandants des troupes alliées n'ont pas voulu, pour la plupart, délivrer de bons ou récépissés, et qu'à l'égard des récépissés obtenus, soit des commandants des troupes alliées, soit des commandants des troupes françaises, qu'ils ont été brûlés par les Cosaques, lors du pillage.

A Vauchamps, le...

Nota. — On observe à M. le Maire qu'il est inutile de délivrer des bons ou récépissés au delà des contributions extraordinaires que chaque particulier a à payer, attendu qu'on ne leur ferait pas compte de l'excédent, qu'il faut considérer comme perdu.

Je le répète, tout ce que je rappelle là est plutôt peu ; mais encore est-il qu'il fait toucher, en quelque sorte du doigt, ces années douloureuses de 1814 et de 1815.

Je reviens à la proclamation, dont j'achève de transcrire le texte émouvant :

« Les Français ne furent jamais sur le point d'être plus puissants, et l'élite de l'armée ennemie était perdue sans ressource :

elle eût trouvé son tombeau dans ces vastes contrées qu'elle avait si impitoyablement saccagées, lorsque la trahison du duc de Raguse livra la capitale et désorganisa l'armée. La conduite inattendue de ces deux généraux qui trahirent à la fois leur patrie, leur prince et leur bienfaiteur, changea le destin de la guerre. La situation désastreuse de l'ennemi était telle, qu'à la fin de l'affaire qui eut lieu devant Paris, il était sans munitions, par la séparation de ses parcs de réserve.

« Dans ces nouvelles et grandes circonstances, mon cœur fut déchiré ; mais mon âme resta inébranlable. Je ne consultai que l'intérêt de la patrie ; je m'exilai sur un rocher au milieu des mers ; ma vie vous était et devait encore vous être utile : je ne permis pas que le grand nombre de citoyens qui voulaient m'accompagner partageassent mon sort ; je crus leur présence utile à la France et je n'emmenai avec moi qu'une poignée de braves nécessaires à ma garde.

« Elevé sur un trône par votre voix, tout ce qui a été fait sans vous est illégitime. Depuis vingt-cinq ans, la France a de nouveaux intérêts, de nouvelles institutions, une nouvelle gloire, qui ne peuvent être garantis que par un gouvernement national et par une dynastie née dans ces nouvelles circonstances.

« Un prince qui régnerait sur vous, qui serait assis sur mon trône par la force des mêmes armées qui ont ravagé notre territoire, chercherait en vain à s'étayer des principes du droit féodal ; il ne pourrait assurer l'honneur et les droits que d'un petit nombre d'individus ennemis du peuple qui, depuis vingt-cinq ans, les a condamnés dans toutes nos assemblées nationales. Votre tranquillité intérieure et votre considération extérieure seraient perdues à jamais.

« Français, dans mon exil, j'ai entendu vos plaintes et vos vœux ; vous réclamez ce gouvernement de votre choix qui, seul, est légitime. Vous accusiez mon long sommeil et vous me reprochiez de sacrifier à mon repos les grands intérêts de la patrie.

« J'ai traversé les mers au milieu des périls de toutes espèces ; j'arrive parmi vous reprendre mes droits, qui sont les vôtres. Tout ce que des individus ont fait, écrit ou dit depuis la prise de Paris, je l'ignorerai toujours ; cela n'influera en rien sur le souvenir que je conserve des services importants qui sont au-dessus de l'organisation humaine.

« Français, il n'est aucune nation, quelque petite qu'elle soit, qui n'ait eu le droit et ne se soit soustraite au déshonneur d'obéir à un prince imposé par un ennemi momentanément victorieux.

« Dans votre vieillesse, entourés et considérés de vos concitoyens, ils vous entendront avec respect raconter vos hauts faits, vous pourrez dire avec orgueil : « Et moi aussi, je faisais partie de cette grande armée, qui est entrée deux fois dans les murs de Vienne, dans ceux de Berlin, de Madrid, de Moscou, et qui a délivré Paris de la souillure que la trahison et la présence de l'ennemi y ont empreinte.

« Lorsque Charles VII rentra à Paris et renversa le trône éphémère de Henri VI, il reconnut tenir son trône de la vaillance de ses braves, et non d'un prince régent d'Angleterre.

« C'est aussi à vous seuls et aux braves de l'armée que je fais et ferai toujours gloire de tout devoir.

Signé : NAPOLÉON.

Par l'Empereur, le grand Maréchal faisant fonctions de Major-Général de la Grande Armée :

Signé : BERTRAND. »

La proclamation qui suit immédiatement est trop connue, car la plupart des histoires de France la citent en entier, pour que je la donne ici. C'est celle où il y a cette fameuse phrase : « La victoire marchera au pas de charge. L'Aigle avec les couleurs nationales volera, de clocher en clocher, jusqu'aux tours Notre-Dame : alors, vous pourrez vous vanter de ce que vous aurez fait ; vous serez les libérateurs de la Patrie. »

Cette pièce que je possède, presque en loques d'avoir été pliée et dépliée, indique, par son lieu d'impression, la marche anormale des choses. Elle porte, comme indication d'imprimeur : *André, imprimeur à Coulommiers.* Les armes impériales figurent en tête.

Napoléon est arrivé à Paris et, le datant au Palais de l'Elysée du 22 avril 1815, procède au fameux *Acte additionnel aux Constitutions de l'Empire.*

Je possède également ce document, qui contient quinze grandes pages, imprimé à Châlons, chez Martin, imprimeur de la Préfecture et de la Mairie, par les soins du Préfet, le baron Bourgeois de Jessaint. Il concerne notamment l'élection des députés par la Chambre des Représentants.

Voici, maintenant, une proclamation dont on ne doit plus guère retrouver de trace : c'est celle du Commissaire extraordinaire de l'Empereur, dans la deuxième division militaire. Elle fut imprimée à Mézières. Une particularité : cette affiche porte encore des traces de l'enduit du mur dont on la détacha, bien sûr intentionnellement, à un moment donné. Cette proclamation, qui est signée *Bedoch*, du nom du Commissaire, est en date du 28 avril 1815 et sent déjà les approches de la bataille de Waterloo. Je la cite telle quelle :

Aux habitants des départements des Ardennes,
de la Meuse et de la Marne

Braves habitants,

« Une poignée d'hommes entichés de vains titres, rentrés en France à la suite des bagages de l'ennemi, voulait nous ravir le fruit de 25 années de travaux et de gloire. Un gouvernement imposé par la force nous traitait en rebelles, et chaque jour voyait se développer le système réacteur qui, vouant à l'opprobre nos plus zélés défenseurs, nous ramenait à l'esclavage.

« Napoléon s'est montré et, à son aspect, ont disparu tous les suppôts du despotisme nobiliaire. Les amis de la liberté se sont réunis autour de leur auguste chef, et on a vu renaître cet enthousiasme généreux qui signala l'aurore de la Révolution.

« Remonté sur le trône où l'avait appelé la voix libre et unanime de la Nation, sur ce trône dont il n'avait consenti à descendre que pour nous épargner les maux inséparables de l'espèce de guerre où nous eût entraînés une plus longue résistance, l'Empereur a d'abord proclamé la restauration de toutes les idées libérales, prévenu toutes les inquiétudes en appelant l'universalité de la Nation à l'acceptation de sa charte constitutionnelle, en convoquant à cet effet une assemblée vraiment nationale, où 100.000 Français viendront, au nom de la France entière, consacrer et jurer de maintenir ses droits.

« Qu'ont fait au contraire les Bourbons ? Abandonnant un trône dont la Nation les avait déjà chassés et dont ils viennent de se montrer si indignes, les Bourbons sont allés mendier encore les secours de l'Europe et rallumer contre nous le flambeau de la guerre étrangère, après avoir tenté vainement de nous livrer aux fureurs de la guerre civile.

« Trompée par tous les faux rapports, par les traîtres qui furent toujours armés contre leur patrie, par ceux qui, l'an dernier, la vendirent à l'ennemi, l'Europe a pu croire qu'une partie de l'armée seule avait ramené l'Empereur dans sa capitale, tandis que tous les vœux, toutes les acclamations l'y ont accompagné.

« Elle a pu croire que la majorité des Français regrettait les Bourbons, tandis que le cri de leur réprobation retentit sur tous les points de la France.

« Elle a pu croire à des divisions intestines, tandis qu'il n'existe en France qu'un parti, celui de la patrie, identifiée désormais avec son Empereur.

« Elle a pu s'alarmer du génie de Napoléon réuni à ses invincibles phalanges, tandis qu'il a solennellement déclaré, avec la France entière, qu'il renonçait à toute conquête et ne voulait que l'exécution littérale du traité de Paris.

« Tels sont, sans doute, les motifs de ces déclarations, par lesquelles des souverains, vingt fois battus par nos armées, osent nous menacer encore de toutes leurs forces réunies. Mais l'Europe doit être aujourd'hui mieux instruite. Elle sait ou saura bientôt que l'union la plus parfaite règne parmi nous ; que la France et Napoléon sont inséparables ; que jamais tant d'ivresse ne manifesta cette union, cimentée par une Constitution déjà soumise à notre acceptation, et qu'enfin un peuple qui, naguère, commandait à cette Europe, peut bien renoncer au sceptre du monde, mais ne peut faire le sacrifice de son indépendance et de sa liberté.

« Il est donc probable que la paix, dont tous les peuples ont également besoin, ne sera pas troublée ; que les Puissances étrangères, comptant sur la foi que nous leur avons donnée de ne pas nous mêler de leurs affaires, renonceront à la ridicule prétention de se mêler des nôtres.

« Mais s'il en était autrement, si, sous le prétexte de n'en vouloir qu'à l'Empereur des Français, l'ennemi osait mettre le pied sur le territoire de la France, ce territoire le dévorerait.

« Fier de quelques succès qu'il ne dut ni à son courage ni à son génie, cet ennemi aurait-il oublié ses innombrables défaites? Dans cette campagne même où, pour ainsi dire sans armée, la France n'avait à lui opposer que des Gardes nationales, ne se souvient-il plus de la courageuse résistance qu'il trouva dans une partie de nos départements, et ne sait-il pas que la trahison seule assura ses succès?... Que pourrait-il espérer, lorsque la plus belle comme la plus brave des armées veille sur nos frontières, tandis que la nation entière, identifiée avec son Empereur, jure de vaincre ou de périr avec lui?

« Braves habitants des Ardennes, de la Meuse et de la Marne, c'est particulièrement sur vous, placés aux avant-postes, que compte la Patrie, et c'est aussi surtout parmi vous que brillent cet amour sacré, cet entier dévoûment, ce noble enthousiasme enfin, présage certain de la victoire. Que tous ceux qui ont combattu dans nos rangs s'empressent d'y rentrer! Qu'à côté d'eux vienne se presser cette nombreuse jeunesse brûlant de partager les lauriers de ses frères! Que vos Gardes nationales s'organisent! Que tout s'arme! Ce sont vos propriétés, vos femmes, vos enfants, votre liberté, votre existence même que vous allez défendre! Songez au sort qui vous attend, si l'ennemi parvenait encore à nous donner des lois!..

« Braves habitants, le passage des hordes étrangères sur vos contrées fit assez éclater votre bravoure. Souvent, un petit nombre de gardes nationaux suffit pour arrêter des colonnes entières. Vous méritâtes bien de la patrie. C'était à vous qu'elle devait des honneurs et des récompenses. Un gouvernement homicide les donna à vos éternels ennemis.

« Mais la Patrie ne fut point ingrate. Hélas! nous laissa-t-on une Patrie! A peine nous est-elle rendue, qu'on ose la menacer encore! Elle proclame les noms de ses défenseurs et les appelle à son secours. Vous avez entendu sa voix, et ce que vous avez fait pour elle lui répond de ce que vous êtes prêts à faire.

« Braves habitants! si l'ennemi pouvait encore douter de notre union, faisons-la lui connaître. Que de ses cantonnements il entende ce cri, qui tant de fois le fit trembler, ce cri qui doit le retenir loin de nous ou lui annoncer la mort : « Vive la Liberté! Vive la Nation! Vive notre Empereur!... »

Quel étrange rapprochement à faire en reprenant la phrase de cette proclamation : « ... Si, sous le vain prétexte de n'en vouloir qu'à l'Empereur des Français, l'ennemi osait mettre les pieds sur le territoire de la France, ce territoire le dévorerait ! »

En 1870, le vieil empereur Guillaume déclarait aussi qu'il ne s'en prenait qu'à Napoléon III, et non au peuple français. Comme en 1815, l'ennemi, le même ennemi, remettait le pied sur notre territoire, qui ne le dévorait pas et ne le rejetait pas davantage à la frontière.

Les événements se précipitèrent de plus en plus, et c'est au pas de charge qu'on adjurait les Champenois de consommer le suprême effort. Ne le dit-il pas assez, cet ordre du jour lancé par le général en chef du 3ᵐᵉ corps d'observation, le comte Vandamme, ordre du jour qui précédait d'un peu plus d'un mois cette manifestation du courage du désespoir, qui a nom : la terrible bataille de Waterloo :

« Messieurs les officiers et sous-officiers de la Garde nationale doivent, en tout temps, porter les marques distinctives de leur grade.

« Il ne sera accordé aucune permission d'absence avant l'organisation totale des compagnies et bataillons ; tous ceux qui ne seront pas rendus à leur poste dans les trois jours seront réputés déserteurs ; leurs familles et leurs communes seront responsables de leur retour à leurs compagnies.

« Si les négociations se prolongent, il sera accordé, dans huit jours, des permissions de huit et douze jours aux gardes-nationales qui auront le plus besoin de vaquer à leurs affaires, en donnant la préférence à ceux qui se sont rendus à leur poste les premiers.

« Tout garde national retardataire, ou qui aura quitté sans permission, sera vivement poursuivi et abandonné à la rigueur des lois.

« Le général en chef attend du patriotisme des magistrats et des braves habitants du département de la Marne, ce qu'ils ont promis pour la Patrie et pour l'Empereur. »

Au quartier-général de Mézières, le 4 mai 1815.

Par ordre de S. E. le général en chef comte Vandamme, le lieutenant-général, chef de l'état-major du 3ᵉ corps d'observation, signé : COMTE GUILLEMINOT.

Le Préfet du département de la Marne arrête que l'ordre du jour ci-dessus sera imprimé, publié et affiché dans toutes les communes du département.

Fait à Châlons, le 6 mai 1815.
Le Baron de Jessaint.

Ce document fut imprimé chez Martin, imprimeur de la Préfecture et de la Mairie.

Aujourd'hui, le sacrifice est consommé, et la seconde invasion des alliés a eu si bien libre cours, que Paris est en ce moment cerné par eux.

Dans ce qui reste des troupes encore vaillantes de Napoléon, à la suite de la débandade de Waterloo, on cherche à semer le découragement.

A la séance du 30 juin de la Chambre des Représentants, il est fait observer « que l'armée est, en ce moment, comme terrifiée par la promulgation d'un écrit répandu avec profusion par un représentant du peuple, qui propose aujourd'hui les Bourbons, après avoir proposé, il y a huit jours, de regarder comme séditieux celui qui se permettrait de crier : « Vive le Roi ! »

Un peu plus loin, cependant, dans ce compte rendu, il est dit :

« Ce matin, à trois heures, un des représentants, qui demeure près de Montmartre, entendant le bruit du canon, s'est rendu aux avant-postes avec le prince d'Eckmul, et il a vu partout le même enthousiasme pour la défense de l'indépendance et de la liberté nationale. Les idées d'indépendance et de liberté se rallient dans l'esprit des officiers et des soldats au nom de Napoléon II. Ils s'écriaient tous : Vive l'indépendance nationale ! Vivent les représentants ! Vive Napoléon II !

« Une partie de l'assemblée s'écrie par acclamation :
« *Vive Napoléon II !* »
(Extrait du *Moniteur* du 1ʳ juillet 1815).

Que Napoléon Iʳ ne demanda-t-il l'hospitalité à l'Empereur de Russie, au lieu de l'Angleterre ? Il avait eu cependant déjà l'occasion d'apprécier la noblesse de caractère de ce dernier.

S'il en eût été ainsi, la postérité n'eût sans doute pas connu le bourreau systématique que fut Metternick, et pas davantage le duc de Reischtadt, mais bien un Napoléon II régnant.

Par contre, nous n'aurions pas eu cet admirable drame en vers, l'une de nos plus grandes gloires littéraires, qu'est *L'Aiglon* ; nous n'aurions pas entendu ces vers de rêve :

> *Ah ! je vais régner ! j'ai vingt ans !*
> *Une aile de jeunesse et d'amour me soulève,*
> *Ma capitale, tu m'attends !*
>
> *Soleil sur les drapeaux ! multitudes grisées !*
> *O retour, retour triomphal !*
> *Parfum des marronniers de ces Champs-Elysées*
> *Que je vais descendre à cheval !*
>
> *Il m'acclamera donc, ce grand Paris farouche !*
> *Tous les fusils seront fleuris !*
> *On doit croire embrasser la France sur la bouche*
> *Lorsqu'on est aimé par Paris !*

E. ROSTAND.

Saurais-je mieux terminer mon Etude que par ces magnifiques vers ?...

Imp. L. Duc et Cie, 125, rue du Cherche-Midi, Paris.

Extrait de la Revue mensuelle et décentralisatrice

LA PROVINCE

125, rue du Cherche-Midi, Paris

Directeur : Lucien DUC (I ❦)

144

ŒUVRES DIVERSES D'ARMAND BOURGEOIS

Sous presse :

1º — *L'arrestation du marquis de Saint-Vallier, seigneur de Vauchamps*, en 1793 et 1795. Enquête, défense et mise en liberté. (Illustrations de l'époque).

2º — *Le comédien Baron, l'abbé d'Allainval et Adrienne Lecouvreur*. Portrait de cette dernière.

3º — *La vérité sur l'arrestation de Louis XVI à Varennes*, d'après des documents du temps, par un Champenois.

4º — EN CHAMPAGNE : *Vallée de Moslins* : Notice historique sur les communes de Moslins et de Mancy.

Dernières nouveautés parues :

Une période de la vie communale d'Épernay (1540-1752) avec vues 2.50

Essais d'histoire biographique et littéraire sur les Champenois marquants de l'époque Louis XIV 2.50

Notice historique sur les communes du chemin de fer d'Épernay à Montmirail, avec vues 1.25

Une intrigue dans un bal paré à Versailles, sous Louis XV, avec illustrations. . . . . 1 »

La main lourde du Cardinal de Richelieu, drame en vers, historique, local, en 1 acte. Portrait de Marion de Lorme 1.50

Théroigne de Méricourt et le marquis de Saint-Huruge, portrait et illustrations de l'époque 2.50

Édition de luxe. . . . . 3 »

Imprimerie L. Duc et Cie, 125, rue du Cherche-Midi, Paris.

www.ingramcontent.com/pod-product-compliance
Ingram Content Group UK Ltd.
Pitfield, Milton Keynes, MK11 3LW, UK
UKHW020111100726
13658UKWH00005B/2101